JN067421

몸이 열 개라도
모자라다

눈에는 눈
이에는 이

慣用表現

イラストで覚える
韓国語

林 炫情・丁 仁京

가슴으로 느끼다

눈도장을 찍다

남의 손을 빌리다

HAKUEISHA

はじめに

　「イラストで覚える韓国語」シリーズは、より自然で豊かな韓国語の上達を目指す韓国語学習者のため、韓国語能力を向上させることはもちろん、韓国の文化と韓国人の考え方を楽しく学び、身につけてほしいという願いを込めて制作しました。よく聞く言葉なのに、どういうことなのかわからなくて困ったり、意味は伝わるけどそのまま日本語にしてしまうとなんとなく違和感を覚えてしまうような表現はありませんか？本シリーズでは、そのような韓国語の「慣用表現」「ことわざ」「四字熟語」を敢えて直訳のイラストで提示し、韓国語の表現そのものの面白さを直観的に理解し楽しく覚えることができるよう構成しました。

　本書は、「イラストで覚える韓国語」シリーズの「慣用表現」編です。本書では、ハングル能力検定試験3級以上と韓国語能力検定試験（TOPIK）Ⅱ（3級〜6級）の語彙の中から、特に重要度の高い「慣用表現」150語を収録しました。韓国人の生活と意識、社会像を盛り込んだ多様な例文から実際にそれらの慣用表現をどのように使うのか調べることができます。さらに、確認問題を通して学習内容の定着を図りながら学習を進めることができるよう工夫しました。検定試験の対策として、また学校や仕事の休み時間、電車やバスのちょっとした移

動時間に気軽にご活用ください。本シリーズでの学習を通して、韓国人も驚かせる豊かで自然な韓国語表現を使えるようになっていただければ幸いです。

　最後になりますが、本書に収録した直訳イラストの着想は、山口県立大学の卒業生の河村綾香さんによって提供されたものが多数含まれております。また、本シリーズの出版を快く引き受けてくださった出版社日本法人博英社の中嶋啓太代表取締役をはじめ、金善敬編集委員、編集部のみなさまには大変お世話になりました。みなさまに心より感謝申し上げます。

2023 年 1 月吉日

著者一同

まえがき

本書は次のような方におすすめです。

面白い絵と豊富な例文で学びたい！ 🖉

　韓国人の生活と意識、社会像を盛り込んだ表現を面白いイラストで理解し、例文を通して実際にそれらの表現をどのように使うか調べることができます。イラストで直感的に覚え、例文を通して自然な韓国語に慣れていきましょう。

韓国語の検定試験対策として使いたい！ 🖉

　ハングル能力検定試験3級以上と韓国語能力検定試験（TOPIK）Ⅱ（3級～6級）の語彙の中から、特に重要度の高い表現（慣用表現150語）を収録しました。また、10個の表現の学習が終わるごとに確認問題を設定しました。それぞれのペースに合わせて学習内容の定着を図りながら学習を進めることができます。

移動や休憩などの隙間時間に、気軽に韓国語を覚えたい！ 🖉

　本書は無料の音声ファイルをダウンロードしてお使いいただけます。したがって本書を読み進めながら目と耳で学習することも、音声を携帯音声プレーヤーなどに入れて、通勤・通学の移動時間や休憩時

間に耳だけで学習することもできます。音声ファイルでは、一つの見出し語について韓国語が２回音読されます。最初は普通のスピードで、２回目は少しゆっくりとしたスピードで音読されます。最初は速く感じるかもしれませんが、繰り返し聞いて慣れていきましょう。また、次の見出し語の前にはポーズが入ります。このポーズの間に日本語の意味を思い出したり、口に出して発音したりするとより効果的な練習ができるでしょう。

本書の構成

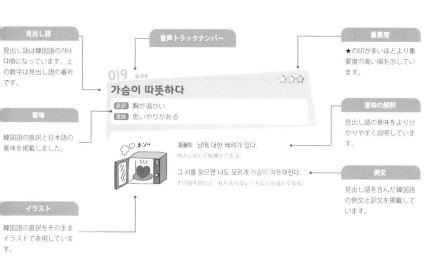

見出し語

見出し語は韓国語の가나
다順になっています。上
の数字は見出し語の番号
です。

音声トラックナンバー

重要度

★の印が多いほどより重
要度の高い順を示してい
ます。

019 ⊙019 ☆☆☆

가슴이 따뜻하다

直訳 胸が温かい
意味 思いやりがある

意味

韓国語の直訳と日本語の
意味を掲載しました。

意味の解釈

見出し語の意味をより分
かりやすく説明していま
す。

뜻풀이 남에 대한 배려가 있다.
他人に対して配慮ができる。

그 시를 읽으면 나도 모르게 가슴이 따뜻해진다.
その詩を読むと、私も知らないうちに心が温かくなる。

例文

見出し語を含んだ韓国語
の例文と訳文を掲載して
います。

イラスト

韓国語の直訳をそのまま
イラストで表現していま
す。

목차

音声ファイルは、
QR コードをスキャンするとダウンロードいただけます。

001 ▶ 001 ☆☆☆

가닥을 잡다

直訳 糸口を掴む
意味 糸口を見つける、落ち着く、方向性を見出す

뜻풀이 생각이나 상황, 이야기 등을 정리하거나 이치에 맞게 바로잡다.

考えや状況、話などを整理したり筋道を立てたりする。

입사한 지 2년째 일도 가닥을 잡아가고 있습니다.

入社して2年目、仕事も落ち着いてきました。

□ 類 실마리를 잡다, 가닥이 잡히다   糸口を掴む、糸口が見つかる

002 ▶ 002 ☆☆☆

가면을 쓰다

直訳 仮面をかぶる
意味 本心や本体を包み隠す、正体・本心を隠す

뜻풀이 속마음을 감추고 아닌 척 꾸미다.

心の内を隠し、違うふりを装う。

살아가려면 어느 정도 가면을 쓰는 경우가 오히려 편할 때가 있다.

生きていく上では、ある程度本心を隠す方がむしろ楽な時がある。

□ 反 가면을 벗다   仮面を脱ぐ、正体を現す、本心を見せる

003 ▶003 ☆☆☆

가슴속에 남다

直訳 胸の奥に残る

意味 心に残る

뜻풀이 강하게 남는 기억.

強く心に残る記憶。

봉사활동을 해 준 사람들의 따뜻한 말과 행동이 가슴속에 남아 있다.

ボランティアの人々のあたたかいことばと行動が心に残っている。

004 ▶004 ☆☆☆

가슴에 넣어 두다

直訳 胸に入れておく

意味 胸にしまっておく

뜻풀이 마음속에 간직하다.

心の中にしまっておく。

하고 싶은 말이 있으면 가슴에 넣어 두지 말고 시원하게 말씀하세요.

話したいことがあれば胸にしまっておかないで、すべて話してください。

005 ▶ 005 ☆☆☆

가슴에 박히다

[直訳] 胸に打ち込まれる
[意味] 心に強い衝撃を受ける、胸に刺さる、記憶に強く残る

뜻풀이 상처나 아픔이 마음에 남다.
傷や痛みが心に残る。

그녀가 내뱉은 말 한마디 한마디가 가슴에 박혀서
잠을 잘 수가 없었다.
彼女の一言一言が胸に突き刺さって、眠れなかった。

006 ▶ 006 ☆☆☆

가슴에 손(을) 얹다

[直訳] 胸に手をのせる
[意味] 胸に手を当てる

뜻풀이 양심에 근거를 두다.
良心に尋ねる。

네가 뭘 잘못했는지 가슴에 손을 얹고 곰곰히 생각
해 봐.
君が何を間違えたのか胸に手を当ててじっくり考えてみ
な。

007 ▶ 007 ☆☆☆

가슴에 와 닿다

【直訳】 胸に触れる
【意味】 感動させる

【뜻풀이】 감동이 느껴지다.
感動させる。

어렸을 때는 몰랐는데 부모님의 잔소리가 지금은 삶의 지침으로 가슴에 와 닿는다.

幼い時はわからなかったが、親の小言が今では人生の指針となっていることに感動させられる。

008 ▶ 008 ☆☆☆

가슴에 품다

【直訳】 胸に抱く
【意味】 胸に抱く

【뜻풀이】 마음속에 간직하다.
心の中にしまっておく。

국가대표가 되겠다는 목표를 가슴에 품고 지금까지 힘든 훈련을 견뎌 왔다.

国の代表になるという目標を胸に抱き、今まで辛い訓練も耐えてきた。

009 ▶ 009 ☆☆☆

가슴으로 느끼다

直訳 胸で感じる
意味 心で感じる

뜻풀이 마음으로 느끼다.
心で感じる。

책은 눈으로만 읽는 것이 아니라 가슴으로 느끼며 얻는 것도 많다.
本は目で読むだけではなく、心で感じ取ることも多い。

010 ▶ 010 ☆☆☆

가슴을 울리다

直訳 胸を泣かせる
意味 感動させる

뜻풀이 마음에 감동을 크게 일으키다.
心に大きな感動を与える。

졸업생들의 가슴을 울린 후배의 송사.
卒業生を感動させた後輩の贈る言葉。

확인 문제 1 確認問題 1

제시된 말과 어울리는 표현을 보기에서 골라 쓰세요.

보기	
a. 가닥을 잡다	b. 가면을 쓰다
c. 가슴속에 남다	d. 가슴에 넣어 두다
e. 가슴에 박히다	f. 가슴에 손(을) 얹다
g. 가슴에 와 닿다	h. 가슴에 품다
i. 가슴으로 느끼다	j. 가슴을 울리다

1. 마음에 간직하다. _____

2. 생각이나 상황을 정리하다. _____

3. 기억에 남다. _____

4. 상처받다. _____

5. 마음으로 느끼다. _____

6. 거짓으로 꾸미다. _____

7. 감동받다. _____

8. 감동을 일으키다. _____

9. 깊이 생각하다. _____

10. 가슴에 안다. _____

011 ▶ 011

가슴을 앓다 ☆☆☆

直訳 胸を痛める
意味 恨み、後悔で一人で思い悩み、胸を痛める

뜻풀이 마음의 고통을 느끼다.
心の苦痛を感じる。

인기 배우의 사고 소식에 모두가 가슴을 앓고 있다.
人気俳優の事故のニュースにみんなが胸を痛めている。

012 ▶ 012

가슴을 열다 ☆☆☆

直訳 胸を開ける
意味 心を開く

뜻풀이 솔직하고 개방적인 태도를 취하다.
正直にすべてをさらけ出す。

가슴을 열어 놓고 이야기할 수 있는 친구가 몇 명쯤
될까?
腹を割って話せる友達が何人くらいいるのだろうか。

013 ⊙ 013 ☆☆☆

가슴을 찌르다

直訳 胸を刺す胸を刺す
意味 胸を突き刺す

뜻풀이 생각이나 느낌이 매우 심각하고 간절하여 가슴을 칼로 찌르는 듯한 아픔을 느끼게 하다.

思考や感情がとても深刻で、胸を刀で刺すような痛みを感じさせる。

대중의 가슴을 찌르는 듯한 그의 연설이 아직도 기억에 생생하다.

大衆の胸を刺すような彼のスピーチがまだ記憶に新しい。

014 ⊙ 014 ☆☆☆

가슴을 치다

直訳 胸を打つ
意味 悔しがる

뜻풀이 원통해 하거나 후회하는 마음으로 매우 안타까워하다.

恨みや後悔の気持ちでとても残念に思う。

그때 빨리 구급차를 불렀더라면… 이제 와서 가슴을 치며 후회해도 이미 늦었다.

あの時急いで救急車を呼んでいたら… 今になって悔やんでも時すでに遅しだ。

015 ⏵015 ☆☆☆

가슴을 태우다

直訳 胸を燃やす

意味 胸を焦がす、思いわずらう

뜻풀이 몹시 초조해 하다.

焦燥に駆られる。

몸이 약한 아들이 군생활을 잘 보내고 있을지 가슴을 태우며 걱정하고 있다.

虚弱な息子が軍隊で元気にしているか、心配で胸を焦がしている。

016 ⏵016 ☆☆☆

가슴을 펴다

直訳 胸を広げる

意味 胸を張る、堂々とした態度をとる

뜻풀이 굽힐 것 없이 당당하다.

屈することなく堂々としている。

시합에는 비록 졌지만 지금까지 열심히 싸웠으니까 가슴을 펴고 귀국하자.

試合には残念ながら負けたけど、今まで一生懸命戦ってきたのだから胸を張って帰国しよう。

017 ▸017 ☆☆☆

가슴이 넓다

[直訳] 胸が広い
[意味] 心が広い

[뜻풀이] 이해심이 많다.
寛容な心を持つ。

민수 선배는 가슴이 넓어서 후배들의 장난도 잘 받아
준다.
ミンス先輩は心が広いから、後輩たちのいたずらもよく受け入れてくれる。

018 ▸018 ☆☆☆

가슴이 답답하다

[直訳] 胸が息苦しい
[意味] 胸が苦しい、胸がつまる

[뜻풀이] 마음이 불편하다.
気が重い。

재수하고 있는 아들을 보니 가슴이 답답하다.
浪人している息子を見ると胸が苦しい。

019 ▶ 019

★★★

가슴이 따뜻하다

直訳 胸が温かい
意味 思いやりがある

뜻풀이 남에 대한 배려가 있다.

他人に対して配慮ができる。

그 시를 읽으면 나도 모르게 가슴이 따뜻해진다.

その詩を読むと、私も知らないうちに心が温かくなる。

020 ▶ 020

★★★

가슴이 떨리다

直訳 胸が震える
意味 興奮して落ち着かない、興奮する

뜻풀이 보고 싶은 사람을 만나서 즐겁고 기쁜 감정이나 마음.

会いたい人に会えて嬉しくて楽しい感情や気持ち。

좋아하는 스타의 사인회에 가게 돼서 가슴이 떨린다.

好きなスターのサイン会に行くことになり、興奮している。

확인 문제 2 確認問題 2

제시된 말과 어울리는 표현을 보기에서 골라 쓰세요.

보기	
a. 가슴을 앓다	b. 가슴을 열다
c. 가슴을 찌르다	d. 가슴을 치다
e. 가슴을 태우다	f. 가슴을 펴다
g. 가슴이 넓다	h. 가슴이 답답하다
i. 가슴이 따뜻하다	j. 가슴이 떨리다

1. 초조하다.   _____

2. 이해심이 많다.   _____

3. 고통받다.   _____

4. 마음이 불편하다.   _____

5. 마음에 강한 충격을 주다.   _____

6. 즐겁고 기쁘다.   _____

7. 후회하다.   _____

8. 당당하다.   _____

9. 솔직하고 개방적이다.   _____

10. 배려심이 있다.   _____

021 ⓟ 021 ☆☆☆
가슴이 뜨겁다

直訳 胸が熱い
意味 情熱的だ。とても感動する、胸が熱くなる

뜻풀이 몹시 감동이 크다.
とても感動する。

자나깨나 자식 걱정을 하시는 부모님을 생각하면 가슴이 뜨거워진다.
常に子供の心配をする親を考えると胸が熱くなる。

022 ⓟ 022 ☆☆☆
가슴이 벅차다

直訳 胸がいっぱいだ
意味 胸がいっぱいになる、感極まる

뜻풀이 기쁘거나 희망에 차서 가슴이 부듯하다.
嬉しさや希望に満ちて胸がいっぱいになる。

아들의 합격 소식을 들은 아버지는 가슴이 벅차서 기쁨의 눈물을 흘렸다.
息子の合格の便りを聞いた父は、感極まって嬉し涙を流した。

023 ▶ 023

☆☆☆

가슴이 아프다

直訳 胸が痛い
意味 胸が痛い、胸が痛む

뜻풀이 해결하기 어려운 일이나 복잡한 문제로 생각을 하기 어렵거나 괴로운 상태에 있다.

解決することが難しいことや複雑な問題のせいで心を痛めている様子。

어렸을 때 부모 없이 고생한 친구의 이야기를 듣고 가슴이 아파왔다.

幼い時に両親を亡くした友達の話を聞いて、胸が痛くなった。

024 ▶ 024

☆☆☆

가시가 돋치다

直訳 とげが突き出る、刺さる
意味 とげがある

뜻풀이 악의나 불만이 있다.

悪意や不満がある。

여당과 야당이 서로 가시가 돋친 설전을 펼치고 있다.

与党と野党が互いにとげがある舌戦を繰り広げている。

025 ▶ 025 ☆☆☆

간이 크다

[直訳] 肝が大きい
[意味] 肝が大きい、肝が太い、大胆だ、度胸がある

[뜻풀이] 겁이 없고 매우 대담하다.

怖がらずにとても大胆だ。

부인 몰래 비싼 골프채를 사 버린 간 큰 남자.

奥さんに内緒で高級ゴルフクラブを買ってしまった大胆な男。

026 ▶ 026 ☆☆☆

갈피를 못 잡다

[直訳] 手掛かりが掴めない
[意味] 見当がつかない、要領を得ない

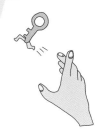

[뜻풀이] 어떻게 된 일인지, 어떻게 해야 할지를 모르다.

どうしたことか、どうしたらいいのか分からない。

갑자기 정리해고를 당해서 앞으로 어떻게 해야할지 갈피를 못 잡겠다.

いきなりリストラになって、これから先どうすればいいのか見当がつかない。

· **15** ·

027 ▶ 027 ☆☆☆

골머리를 앓다

直訳 頭を病む
意味 頭を悩ます、頭を痛める

뜻풀이 어떻게 해야 할지 몰라서 머리가 아플 정도로 생각에 몰두하다.

どうすべきか分からず頭が痛くなるほど考え込む。

이 지역은 매년 멧돼지로 인한 농작물 피해로 골머리를 앓고 있다.

この地域は毎年イノシシによる農作物被害で頭を悩ませている。

028 ▶ 028 ☆☆☆

귀가 멀다

直訳 耳が遠い
意味 耳が遠い。世間の噂や情報などに疎い

뜻풀이 귀가 들리지 않게 되다. 어떤 생각에 빠져 판단력을 잃다.

耳が聞こえなくなる。ある思いにふけて判断力を失う。

훌륭한 위인은 귀가 멀거나 장애가 있어도 아랑곳하지 않고 위업을 달성해 나간다.

立派な偉人は耳が遠いなど障害があっても、気にすることなく突き進んでいく。

□ 類 귀가 어둡다 (直) 耳が暗い

· 16 ·

029 ▶ 029 ☆☆☆

귀가 솔깃해지다

直訳 耳が乗り気になる
意味 耳寄りな話にそそられる、乗り気になる

뜻풀이 남의 말에 흥미를 가지다.

他人の言葉に興味を持つ。

친구한테 귀가 솔깃해지는 투자정보를 들었다.

友達から耳寄りな投資情報を聞いた。

030 ▶ 030 ☆☆☆

귀가 아프다

直訳 耳が痛い
意味 やかましくて耳が痛い、耳障りだ。聞き飽きる、耳にたこができる

뜻풀이 소리가 날카롭고 커서 듣기에 괴롭다. 너무 많이 들어서 또 듣기가 싫다.

甲高い声や大きい声で聴くのが辛い。繰り返し聞きすぎて、聞くのが嫌になる。

공부하라는 말을 귀가 아프도록 들었다.

勉強しなさいという言葉を耳にたこができるほど聞いた。

확인 문제 3 確認問題 3

제시된 말과 어울리는 표현을 보기에서 골라 쓰세요.

보기	
a. 가슴이 뜨겁다	b. 가슴이 벅차다
c. 가슴이 아프다	d. 가시가 돋치다
e. 간이 크다	f. 갈피를 못 잡다
g. 골머리를 앓다	h. 귀가 멀다
i. 귀가 솔깃해지다	j. 귀가 아프다

1. 괴롭다. _____

2. 정렬적이다. _____

3. 불만이 있다. _____

4. 감격하다. _____

5. 대담하다. _____

6. 갈팡질팡하다. _____

7. 판단력을 잃다. _____

8. 고민하다. _____

9. 흥미를 가지다. _____

10. 듣기 싫다. _____

031 ▶ 031

☆☆☆

귀에 들어가다

直訳 耳に入っていく
意味 耳に入る

뜻풀이 어떤 소식이 누구에게 알려지다.

ある知らせが誰かに知れ渡る。

이 정보는 경쟁사 귀에 들어가지 않도록 입조심하세요.

この情報は競合他社の耳に入らないように気を付けてください。

□ 類 귀에 들어오다　耳に入ってくる

032 ▶ 032

☆☆☆

그릇이 크다

直訳 器が大きい
意味 器が大きい

뜻풀이 어떤 일을 할 만한 능력이나 자질 또는 그것을 갖춘 사람.

ある仕事をする能力や資質又はそれを備え持っている人。

경박하고 침착하지 않은 사람은 아무리 재능이 뛰어나도 결코 그릇이 큰 리더라고 볼 수 없다.

軽薄で落ち着きがない人は、いくら才能に恵まれていても、決して器が大きいリーダーとは言えない。

□ 反 그릇이 작다　器が小さい

033 ▶033 ☆☆☆

그림 같다

直訳 絵のようだ
意味 とても良い、絵に描いたようだ

뜻풀이 그림을 보는 것만 같다.
絵を見ているようだ。

경치가 그림 같이 아름답다.
景色が絵のように美しい。

□ 類 한 폭의 그림 같다　一幅の絵のようだ

034 ▶034 ☆☆☆

기(가) 죽다

直訳 気が死ぬ
意味 意気消沈する。しょげる、気が滅入る。気おされる、弱気になる

뜻풀이 용기나 기세가 사라지거나 약해져 시무룩하다.
勇気や勢いが消えたり弱くなったりして、膨れっ面をしている。

A 왜 이렇게 기가 죽어 있어요?
なぜそんなに元気がないんですか？

B 회의 자료가 잘 못 돼서 부장님께 혼났습니다.
会議資料に不備があって部長に怒られました。

□ 反 기가 살다　気勢が上がる

☆☆☆

기가 막히다

[直訳] 気がふさがる
[意味] 呆れる、呆れ果てる。素晴らしい

뜻풀이 어떠한 일이 놀랍거나 언짢아서 어이없다. 어떻다고 말할 수 없을 만큼 좋거나 정도가 높다.

呆れ返える、すさまじい、途方もない。非常にすばらしい、すごい、とてつもない。

A 분해! 이런 기가 막힌 일이 나한테 생기다니.

悔しい！こんな呆れたことが私に起きるなんて。

B 걱정말아. 나한테 기가 막힌 생각이 떠올랐어.

心配しないで。私にとてつもない良い考えが浮かんだから。

☆☆☆

기가 차다

[直訳] 気がいっぱいになる
[意味] 呆れる、唖然とする

뜻풀이 어이가 없어 말이 나오지 않다.

呆れて言葉が出ない。

오늘도 지각을 하다니 정말 기가 차서 말도 안 나오네요.

今日も遅刻するなんて、本当に呆れて言葉も出ないですね。

037 ⊙ 037 ☆☆☆

김(을) 빼다

[直訳] 湯気が抜ける
[意味] 意欲を喪失する

[뜻풀이] 분위기나 흥을 깨 맥이 빠지게 하다.
雰囲気や興をそいで、興味が無くなる。

A 영화 결말을 말해 버리면 어떡해? 지금부터 볼 건데.
　映画の結末を言ってどうしてくれるの？ これから観る
　つもりなのに。

B 진짜 미안. 김 빼 버려서…
　本当にごめん、見る気そいじゃって…

038 ⊙ 038 ☆☆☆

꼬리가 길다

[直訳] しっぽが長い
[意味] 悪い事を長く続ける。戸を閉めないで出て行く人をとがめていう言葉

[뜻풀이] 못된 일을 오랫동안 계속하다. 드나들 때 문을
닫지 않다.
悪事を長い間続ける。出入りするときに門を閉めない。

A 넌 왜 그렇게 꼬리가 기냐? 추우니까 빨리 문 닫아!
　お前なんでドアちゃんと閉めないんだ？ 寒いんだから
　早くドア閉めろよ！

B 미안~
　ごめん〜

039 ⊙ 039

⭐⭐⭐

꼬리를 밟히다

[直訳] しっぽを踏まれる
[意味] 素性、行状がばれる

[뜻풀이] 숨겼던 행적을 들키다.
隠していた行動が明らかになる。

지은 죄가 많으면 언젠가는 꼬리를 밟힌다.
罪が重なればいつかは行状がばれる。

040 ⊙ 040

⭐⭐⭐

꽃이 피다

[直訳] 花が咲く
[意味] 話や笑いの花が咲く。開花する、盛んになる

[뜻풀이] 어떤 현상이 한창 일어나거나 벌어지다.
ある現象が盛んになったり、繰り広げられたりする。

커피를 주제로 이야기 꽃이 피었다.
コーヒーをテーマに話の花が咲いた。

확인 문제 4 確認問題 4

✏️ 제시된 말과 어울리는 표현을 보기에서 골라 쓰세요.

보기	
a. 귀에 들어가다	b. 그릇이 크다
c. 그림 같다	d. 기(가) 죽다
e. 기가 막히다	f. 기가 차다
g. 김(을) 빼다	h. 꼬리가 길다
i. 꼬리를 밟히다	j. 꽃이 피다

1. 시무룩하다. _____

2. 능력이나 자질이 있다. _____

3. 매우 아름답다. _____

4. 어이없다. _____

5. 들키다. _____

6. 매우 좋다. _____

7. 흥미를 잃게 하다. _____

8. 한창이다. _____

9. 알려지다. _____

10. 나쁜 일을 계속하다. _____

☆☆☆

꿈을 깨다

直訳 夢を割る
意味 夢から覚める

뜻풀이 희망을 낮추거나 헛된 생각을 버리다.

希望を低くしたり、無駄な考えを捨てたりする。

일확천금을 얻겠다는 꿈을 깨고 성실히 일하고 있다.

一攫千金の夢から覚め、真面目に仕事をしている。

☆☆☆

날개를 펴다

直訳 翼を広げる
意味 翼を広げる、羽を伸ばす。台頭する、勢いがいい。想像を膨らます、考えを巡らす

뜻풀이 생각, 감정, 힘 따위를 힘차고 자유롭게 펼치다.

考え、感情、力などを力強く自由に広げる。

졸업생 여러분들이 앞으로 날개를 활짝 펴고 활약하기를 기대합니다.

卒業生のみなさんがこれから翼を広げ、おおいに活躍することを期待しています。

043 ▶043

⭐⭐⭐

날아갈 것 같다

[直訳] 飛んでいくようだ
[意味] とても嬉しい、夢のようだ

[뜻풀이] 매우 좋아서 현실이 아닌 것 같다.
とても嬉しくて現実ではないかのようだ。

희망했던 회사에 들어가게 돼서 날아갈 것 같아요.
希望していた会社に入ることができて、夢のようです。

044 ▶044

⭐⭐⭐

남의 손을 빌리다

[直訳] 人の手を借りる
[意味] 人の手を借りる

[뜻풀이] 남의 도움을 받거나 사람이나 물건 따위를 믿고 기대다.
人の助けを受けたり、人や品物などを信じて頼ったりする。

사업을 할 때는 남의 손을 빌리는 경우가 허다하다.
事業をするときは人の手を借りることが多々ある。

045

☆☆☆

낯(이) 설다

直訳 顔が煮えていない

意味 面識がない、なじみが薄い

뜻풀이 보거나 느끼기에 익숙하지가 않다. 안면이 없거나 처음 만난 것처럼 서름서름하다.

馴染みが薄い。見覚えがない、初めて会ったかのようによそよそしい。

화장을 진하게 한 여자 친구가 왠지 낯이 설다.

化粧を濃くした彼女になぜか馴染めない。

▫ 反 낯(이) 익다 顔馴染みだ、見覚えがある

046

☆☆☆

낯을 가리다

直訳 顔を選ぶ

意味 人見知りをする

뜻풀이 어린아이가 낯선 사람을 대하기 싫어하다. 친하고 친하지 아니함에 따라 사람을 달리 대우하다.

子どもが見慣れない人を嫌がる。親しいか親しくないかで態度を変える。

수지는 낯을 가리지 않는 편이라 처음 만난 사람과도 빨리 친해진다.

スジは人見知りをしない方で、初めて会った人ともすぐ親しくなる。

· 27 ·

047 ▶ 047

⭐⭐☆

눈 뜨고(는) 못 보다

直訳 目を開けて見ることができない

意味 見るに忍びない、見るに堪えない、目も当てられない

뜻풀이 눈앞의 광경이 비참하고 끔찍하거나 매우 민망하여 차마 볼 수 없다.

目の前の光景が惨めで残酷であったり、とても恥ずかしかったりして見るに堪えない。

학대 받는 어린이들의 영상을 도저히 눈 뜨고 못 보겠다.

虐待されている子供たちの映像をとても最後まで見ていられない。

048 ▶ 048

⭐⭐☆

눈도장을 찍다

直訳 目のハンコを押す

意味 相手の目に留まるように行動する。少しだけ顔をだす

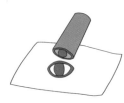

뜻풀이 눈짓으로 허락을 얻어 내는 일이나 또는 상대편의 눈에 띄다.

目くばせして許可を得るようなことや、相手の目に留まるようなことを言う。

감독님께 눈도장을 찍어서 작은 역할이라도 좋으니까 따 내야겠다.

監督の目に留まるように挨拶をして、小さな役でもいいから掴み取らなくちゃ。

049 ⏵049 ☆☆☆

눈독을 들이다

直訳 貪欲な目付きをする
意味 目星を付ける、目をつける、狙う、貪欲な目で見る

뜻풀이 욕심이 나서 매우 관심 있게 보다.
欲が出てとても関心を持つ。

시누이는 내 명품 가방에 눈독을 들였다.
義理の妹は、私のブランドのバッグに目を付けた。

050 ⏵050 ☆☆☆

눈앞이 캄캄하다

直訳 目の前が真っ暗だ
意味 お先真っ暗だ。途方に暮れる

뜻풀이 어찌할 바를 몰라 아득하다.
途方に暮れる。

앞으로 같이 지낼 일을 생각하니 눈앞이 캄캄합니다.
これから一緒に過ごすことを考えると、途方に暮れます。

□ 反 눈앞이 환해지다 目の前が明るくなる。目が開く、見通しが立つ

제시된 말과 어울리는 표현을 보기에서 골라 쓰세요.

보기	
a. 꿈을 깨다	b. 날개를 펴다
c. 날아갈 것 같다	d. 남의 손을 빌리다
e. 낯(이) 설다	f. 낯을 가리다
g. 눈 뜨고(는) 못 보다	h. 눈도장을 찍다
i. 눈독을 들이다	j. 눈앞이 캄캄하다

1. 사람을 가리다. _____

2. 꿈만 같다. _____

3. 헛된 희망을 버리다. _____

4. 도움을 받다. _____

5. 활약하다. _____

6. 비참하고 민망하여 볼 수 없다. _____

7. 익숙하지 않다. _____

8. 주목을 받다. _____

9. 어떻게 해야할 지 모르겠다. _____

10. 욕심을 내다. _____

051 ▶ 051 ☆☆☆

눈에 넣어도 아프지 않다

直訳 目に入れても痛くない

意味 目に入れても痛くない

뜻풀이 매우 귀엽다.

非常にかわいい。

오랜 불임치료 끝에 얻은 자식이라 눈에 넣어도 아프지 않다.

長い不妊治療の末に得た子どもなので、目に入れても痛くない。

052 ▶ 052 ☆☆☆

눈에 들다

直訳 目に入る

意味 目に入る、目に留まる。気に入る、御眼鏡に適う

뜻풀이 어떤 것이 좋게 생각되다.

あることが気に入る。

어머니는 저 가구가 눈에 드시는 것 같다.

お母さんはあの家具が気に入ったようだ。

053 ▶053 ☆☆☆

눈에 들어오다

直訳 目に入ってくる
意味 目に入る、目に留まる

뜻풀이 어떤 물건이나 사람이 좋게 받아들여지다.
ある物や人を感じよく受け入れることができる。

많은 사람들 속에서 그녀만이 내 눈에 들어왔다.
多くの人々の中から彼女だけが私の目に留まった。

054 ▶054 ☆☆☆

눈에 띄다

直訳 目立つ
意味 目立つ、目に付く

뜻풀이 두드러지게 드러나다.
目立って現われる。

산에 갈 때에는 혹시나 모를 조난에 대비하여 눈에 띄는 색의 옷을 입는 게 좋아요.
山に行く際にはもしもの遭難に備え、目立つ色の服を着る のがいいですよ。

055 ▶ 055 ☆☆☆

눈에는 눈 이에는 이

直訳 目には目、歯には歯
意味 目には目を、歯には歯を

뜻풀이 당한 만큼 갚아주다.

被害と同等の害を与えて仕返しする。

사건의 피해자는 가해자에게도 눈에는 눈 이에는 이라는 말처럼 해 주고 싶다고 했다.

事件の被害者は加害者にも同等のことをして、仕返しをしてやりたいと言った。

056 ▶ 056 ☆☆☆

눈으로 말하다

直訳 目で言う
意味 目でものを言う

뜻풀이 눈짓으로 의사를 전하다.

目で意思を伝える。

때로는 눈으로 말하는 메시지가 말보다 효과가 있는 경우도 있다.

時には目で伝えるメッセージが言葉より効果がある場合もある。

057 ▶ 057

☆☆☆

눈을 감다

直訳 目を閉じる
意味 黙って見逃す、目をつぶる。死ぬ、永眠する

뜻풀이 더 이상 다른 것을 생각하지 않다. 남의 잘못을 보고도 못 본 체하다.

もうそれ以上他のことを考えない。人の間違いを見て見ぬふりをする。

다음부터는 조심할게요. 이번 한번만 눈을 감아 주세요.

次回からは気を付けます。今回だけは見逃してください。

058 ▶ 058

☆☆☆

눈을 끌다

直訳 目を引く
意味 目立つ、目を奪う。人目を引く、視線を集める

뜻풀이 호기심을 일으켜 보게 하다. 관심이 집중되다.

好奇心を起こさせる。関心が集中する。

이 동화책에는 어린이들의 눈을 끄는 재미있는 내용과 그림이 가득하다.

この絵本は、子供たちの目を引く面白い内容と絵でいっぱいだ。

059 ▶ 059 ☆☆☆

눈을 돌리다

直訳 目を回す
意味 目を向ける、目をやる、目を注ぐ

뜻풀이 관심을 다른 쪽으로 두다.

関心を他のものに向ける。

지금은 회사 일이 너무 바빠서 다른 일에 눈을 돌릴 틈이 없어요.

今は会社の仕事が忙しすぎて、他のことに目を向ける余裕がありません。

060 ▶ 060 ☆☆☆

담을 쌓다

直訳 壁を築く
意味 縁を切る、関係を断つ、無関係に生きる

뜻풀이 어떤 일에 전혀 관심을 두지 않다.

どんなことにも全く興味を持たない。

A 요즘 유행하는 춤 좀 가르쳐 주세요.

最近流行ってるダンスをちょっと教えてください。

B 춤이라고요? 저는 춤하고는 담을 쌓고 살아요.

ダンスですか？私はダンスとは縁がないんですよ。

제시된 말과 어울리는 표현을 보기에서 골라 쓰세요.

보기	
a. 눈에 넣어도 아프지 않다	b. 눈에 들다
c. 눈에 들어오다	d. 눈에 띄다
e. 눈에는 눈 이에는 이	f. 눈으로 말하다
g. 눈을 감다	h. 눈을 끌다
i. 눈을 돌리다	j. 담을 쌓다

1. 못 본 체하다. _____
2. 매우 귀엽다. _____
3. 좋게 받아들여지다. _____
4. 두드러지다. _____
5. 마음에 들다. _____
6. 당한 만큼 돌려주다. _____
7. 관심이 집중되다. _____
8. 관심이 없다. _____
9. 다른 일에 관심을 두다. _____
10. 눈빛으로 생각을 전하다. _____

061 ▶061 ☆☆☆

더위를 먹다

直訳 暑さを食べる
意味 夏バテする、夏負けする

뜻풀이 더위로 인한 병에 걸리다.
暑さのせいで病いにかかる。

더위를 먹어서 그런지 식욕이 없습니다.
夏バテなのか、食欲がありません。

062 ▶062 ☆☆☆

돈을 만들다

直訳 お金を作る
意味 お金を工面する

뜻풀이 필요한 돈을 모으거나 빌리는 것.
必要なお金を集めたり借りたりすること。

자식들의 학비를 위해서 어떻게든 돈을 만들어 내야
했다.
子供の学費のために、どうにかしてお金を工面しなければ
ならなかった。

063 ▶ 063
☆☆☆

돈이 되다

`直訳` 金になる
`意味` 金になる、商売になる

`뜻풀이` 사물의 가치, 또는 상품이 되다.
物事の価値を高める、または商品になる。

어떤 아이템이 돈이 될지 항상 생각하고 있다.
どんなアイテムがお金になるかと常に考えている。

064 ▶ 064
☆☆☆

뒤통수(를) 때리다

`直訳` 後頭部を殴る
`意味` 裏切る、不意打ちを食わせる

`뜻풀이` 믿음과 의리를 배신하다.
信頼と義理を裏切る。

절친인 나에게까지 이렇게 뒤통수를 때리다니 정말
실망이 커.
親友が私にまでこのように裏切るとは、本当に大きな失望
を感じる。

▫ 反 뒤통수 (를) 맞다 裏切られる、不意打ちを食らう

065 ▶ 065 ☆☆☆

땀을 흘리다

직역 汗を流す

意味 汗を流す、汗水を垂らす。ひどく苦労する

뜻풀이 힘이나 노력을 많이 들이다.

労力や努力を多く費やす。

땀을 흘리며 한 여름에도 택배일을 하시는 아버지를
생각하며 열심히 공부한다.

汗水垂らして真夏でも配達の仕事をしている父を思いなが
ら、一生懸命勉強している。

066 ▶ 066 ☆☆☆

마음(을) 먹다

직역 心を食べる

意味 決心する、その気になる、覚悟する

뜻풀이 무엇을 하려고 마음 속으로 작정하다.

何かをしようと決心する。

큰 마음 먹고 생애 첫 종합검진을 받기로 했다.

一大決心をして、人生初の人間ドックを受けることにした。

067 ▶ 067 ☆☆☆

마음을 놓다

直訳 心を置く
意味 安心する。油断する、気を緩める

뜻풀이 안심하다. 걱정하지 않다.

安心する。心配しない。

자식들이 모두 취업을 해서 이제 마음을 놓고 지낼 수 있겠어요.

子供たちがみな就職したので、これから安心して過ごせますね。

068 ▶ 068 ☆☆☆

마음을 주다

直訳 心をあげる
意味 心を許す、打ち解ける

뜻풀이 누구를 좋아하게 되다.

誰かを好きになる。

이성에게 쉽게 마음을 주면 상처받을지도 몰라요.

異性に簡単に心を許すと傷つくかもしれません。

☆☆☆

마음이 가다

[直訳] 心が行く
[意味] 心を引かれる、心を寄せる、心が傾く

뜻풀이 생각이나 관심이 쏠리다.

考えや関心が傾く。

장애가 있는 자식에게 더 마음이 가는 건 어쩔 수 없지요.

障害がある子供のほうに、より心が傾くのは仕方ありません。

☆☆☆

마음이 굴뚝 같다

[直訳] 心が煙突のようだ
[意味] 何かをやりたくてたまらない

뜻풀이 무엇을 간절히 하고 싶거나 원하다.

何かを強く希望する、求める。

친구들과 유원지에 가고 싶은 마음이 굴뚝 같지만 과제가 많아서 포기했다.

友達と一緒に遊園地に行きたくてたまらないけど、課題が多くて諦めた。

제시된 말과 어울리는 표현을 보기에서 골라 쓰세요.

보기	
a. 더위를 먹다	b. 돈을 만들다
c. 돈이 되다	d. 뒤통수(를) 때리다
e. 땀을 흘리다	f. 마음(을) 먹다
g. 마음을 놓다	h. 마음을 주다
i. 마음이 가다	j. 마음이 굴뚝 같다

1. 결심하다. _____

2. 돈을 모으거나 빌리다. _____

3. 가치가 있다. _____

4. 안심하다. _____

5. 더위로 병에 걸리다. _____

6. 배신하다. _____

7. 관심이 있다. _____

8. 간절하다. _____

9. 노력하다. _____

10. 좋아하다. _____

071 ⓟ071

☆☆☆

막을 내리다

直訳 幕が下りる

意味 事件・行事などが終わる、幕を下ろす

뜻풀이 공연이나 행사를 마치다.

公演やイベントを終える。

2주간 치러졌던 올림픽도 이제 막을 내렸다.

2週間行われたオリンピックがこれで幕を下ろした。

 □ 反 막이 오르다 幕が開く、幕が上がる、開幕する

072 ⓟ072

☆☆☆

말하면 길다

直訳 言うと長い

意味 話せば長くなる

뜻풀이 어떤 상황이나 일에 대해서 짧게 언급하기 곤란하거나 말하기가 어렵다.

ある状況や事に対して一言で言及したり話すのが難しい。

내가 여기까지 오게 된 이유를 말하면 길어.

私がここまで来ることになったわけを話せば長くなる。

073 ▶073 ☆☆☆

맥이 빠지다

[直訳] 脈が抜ける
[意味] 気が抜ける、がっかりする、肩を落とす

[뜻풀이] 기운이나 긴장이 풀어지다.
元気や緊張がなくなる。

우리 팀이 역전패를 당해서 모두가 맥이 빠지고 말았다.
うちのチームが逆転負けをしてしまい、みんな肩を落とした。

▫ 類 김이 빠지다　意欲をなくす、気が抜ける

074 ▶074 ☆☆☆

머리(가) 아프다

[直訳] 頭が痛い
[意味] 頭が痛い、頭痛がする、頭を抱える

[뜻풀이] 걱정 따위로 마음이나 머리가 아프다.
心配事によって胸や頭が痛い。

취직으로 고민하다 보니 머리가 아프네요.
就職のことで悩みが多くて、頭が痛いですね。

075 ⏵075 ☆☆☆

머리가 복잡하다

直訳 頭が複雑だ
意味 頭が混乱している

뜻풀이 생각이나 고민이 많아 심란하다.
考えや悩みが多く、混乱している。

머리가 복잡해서 한강으로 바람을 쐬러 갔다.
頭が混乱していて、漢江へ風に当たりに行った。

076 ⏵076 ☆☆☆

머리를 쓰다

直訳 頭を使う
意味 頭を使う、頭を働かす、頭をひねる

뜻풀이 어떤 일에 대해 이리저리 생각하거나 고민하다.
あることに対してあれこれ考えたり悩んだりする。

너무 머리 쓰지 말고 편하게 생각해.
あまり悩まず単純に考えて。

077 ▶077 ☆☆☆

머리를 흔들다

直訳 頭を振る
意味 否定する、拒絶する

뜻풀이 어떤 일에 대해 강한 거부감을 보이거나 반대의 뜻을 나타내다.

あることについて強い拒否を示したり、反対の意を表したりする。

부장님은 새로운 기획서를 보더니 머리를 흔들며 한숨을 쉬었다.

部長は新しい企画書を見ては頭を振りながらため息をついた。

078 ▶078 ☆☆☆

머리에 들어오다

直訳 頭に入ってくる
意味 頭に入る、理解する、分かる

뜻풀이 어떤 내용이 이해되어 기억에 남다.

ある内容が理解され記憶に残る。

우리 선생님의 재미있는 설명을 들으면 어려운 내용도 머리에 잘 들어온다.

私たちの先生のおもしろい説明を聞くと、難しい内容も頭によく入ってくる。

079 ⏵ 079 ☆☆☆

머리에 쥐가 나다

直訳 頭に痙攣が起こる
意味 頭が痛くなる

뜻풀이 싫고 두려운 상황에서 의욕이나 생각이 없어지다.

怖くて嫌な状況で、やる気や考えが無くなる。

A 아이고, 왜 이렇게 외울 게 많은 건지 머리에 쥐가 날 것 같아.

ああ、なぜこんなに覚えることが多いんだろうか、頭が痛くなりそうだよ。

B 그래도 참고 해야지 어쩌겠어.

でも、我慢してやるしかない。

080 ⏵ 080 ☆☆☆

머릿속에 그리다

直訳 頭の中に描く
意味 頭に描く、思い浮かべる

뜻풀이 마음속으로 생각하다.

頭に思い浮かべる。

김 감독은 지난날의 영광을 머릿속에 그리면서 쓸쓸하게 웃었다.

キム監督は、過去の栄光を思い浮かべながら苦笑いした。

· **47** ·

확인 문제 8 確認問題 8

✎ 제시된 말과 어울리는 표현을 보기에서 골라 쓰세요.

보기	
a. 막을 내리다	b. 말하면 길다
c. 맥이 빠지다	d. 머리(가) 아프다
e. 머리가 복잡하다	f. 머리를 쓰다
g. 머리를 흔들다	h. 머리에 들어오다
i. 머리에 쥐가 나다	j. 머릿속에 그리다

1. 기운이 없다.　　　　　_____

2. 걱정이 많다.　　　　　_____

3. 끝내다.　　　　　　　_____

4. 말하기 어렵다.　　　　_____

5. 심란하다.　　　　　　_____

6. 고민하다.　　　　　　_____

7. 의욕이 없어지다.　　　_____

8. 떠올리다.　　　　　　_____

9. 부정하다.　　　　　　_____

10. 이해하다.　　　　　　_____

081 ▶081 ☆☆☆

목이 마르다

直訳 喉が渇く
意味 喉が渇く、切望する

뜻풀이 목이 말라 물이 마시고 싶어지다. 몹시 바라거나 아쉬워하다.

のどが渇いて水が飲みたくなる。切望する。

가뭄이 계속되어 농부들은 목이 마르게 비를 기다리고 있다.

干ばつが続いて、農民たちは雨を切望している。

082 ▶082 ☆☆☆

목이 빠지게 기다리다

直訳 首が抜けるほど待つ
意味 首を長くして待つ

뜻풀이 몹시 안타깝게 기다리다.

待ち焦がれる様子。

그녀는 남자친구의 제대를 목이 빠지게 기다렸다.

彼女は彼氏の兵役が終わることを首を長くして待った。

□ 類 눈이 빠지도록 기다리다 （直）目が落ちるほど待つ

083 083

☆☆☆

몸살을 앓다

直訳 体調不良を患う
意味 過労などで体調を崩す

뜻풀이 어떤 일로 인하여 고통을 겪다.
あることによって体調を崩す。

장시간 운전을 한 상호는 결국 몸살을 앓고 말았다.
長時間運転をしたサンホは結局、体調を崩してしまった。

□ 類 몸살이 나다 過労で体調を崩す

084 084

☆☆☆

몸이 열 개라도 모자라다

直訳 体が 10 個あっても足りない
意味 目が回るほど忙しい、息をつく暇もない、てんてこまいする

뜻풀이 몹시 바쁜 상황, 쉴 틈 없이 바쁘다.
息つく暇もない、目が回るほど忙しい。

A 개업한 식당에 손님이 엄청 온다면서요?
オープンした食堂がすごく繁盛しているらしいですね？

B 응, 그래서 요즘은 몸이 열 개라도 모자랄 지경
이야.
うん、それで最近息をつく暇もないのよ。

085 ▶085 ☆☆☆

문을 열다

直訳 門を開ける
意味 その日の営業を行うために開店する、店をあける。店を
開く、開業する。扉を開く、門戸を開く

뜻풀이 하루의 장사나 일을 시작하다. 장사나 사업을
시작하다.

一日の商売や仕事を始める。商売や事業を始める。

보통 백화점은 몇 시에 문을 여나요?

普段デパートは何時に開店しますか 。

□ 反 문을 닫다 店を閉める。のれんを下ろす。店をたたむ

---

086 ▶086 ☆☆☆

문자를 보내다

直訳 文字を送る
意味 携帯電話などでメールを送る

뜻풀이 휴대전화로 짧은 메시지를 보내다.

携帯でメールを送る、SMS を送る。

모임 장소와 날짜는 이따가 문자로 보내 줄게.

集合場所と日にちは後で携帯メールで送るね。

물 만난 고기

直訳 水に出会った魚
意味 水を得た魚

뜻풀이 어려운 상황에서 벗어나 자신의 능력을 발휘할 만한 좋은 환경을 만난 사람.

困難な状況から抜け出して、自分の能力を発揮できる良い環境に恵まれた人。

아르바이트 했던 경험을 살릴 수 있는 직업을 손에 넣은 그는 물 만난 고기처럼 생기가 있어 보였다.

アルバイトでの経験を生かした仕事を手に入れた彼は、水を得た魚のように生き生きとしていた。

미역국을 먹다

直訳 わかめスープを食べる
意味 試験などに落ちる、失敗する

뜻풀이 시험에서 떨어지다.

試験に落ちる。

이번 시험에도 미역국 먹으면 포기하려고 합니다.

今回の試験も落ちたら、諦めようと思います。

089 ⊙089

바가지를 쓰다

[直訳] ひょうたんをかぶる
[意味] ぼったくられる、カモにされる

뜻풀이 요금이나 물건값을 제값보다 비싸게 주어 손해를 보다.

料金や価格を本来より高く支払い、損をする。

A 이거 8천 원에 샀어.

これ、8 千ウォンで買ったよ。

B 어머, 다른 가게에서는 5천 원 하는데, 3천 원이나 바가지를 썼네.

あら、ほかのお店では 5 千ウォンするのに、3 千ウォンも ぼったくられたわね。

090 ⊙090

바람을 일으키다

[直訳] 風を起こす
[意味] 旋風を巻き起こす。物議を醸す

뜻풀이 많은 사람들에게 영향을 미치다. 사회적 문제를 만들거나 소란을 일으키다.

多くの人に影響を与える。社会的な問題や騒ぎを引き起こす。

K-POP은 세계 대중문화에 새로운 바람을 일으키고 있다.

K-POP は世界の大衆文化に新しい旋風を巻き起こしている。

✎ 제시된 말과 어울리는 표현을 보기에서 골라 쓰세요.

보기	
a. 목이 마르다	b. 목이 빠지게 기다리다
c. 몸살을 앓다	d. 몸이 열 개라도 모자라다
e. 문을 열다	f. 문자를 보내다
g. 물 만난 고기	h. 미역국을 먹다
i. 바가지를 쓰다	j. 바람을 일으키다

1. 갈망하다. _____

2. 몹시 바쁘다. _____

3. 고통스럽다. _____

4. 개업하다. _____

5. 실패하다. _____

6. 메시지를 보내다. _____

7. 학수고대하다. _____

8. 영향을 미치다. _____

9. 좋은 기회를 잡다. _____

10. 비싸게 지불하다. _____

091 ▶ 091

☆☆☆

발목을 잡다

[直訳] 足首を掴む
[意味] 身動きをとれなくする。弱みを握る

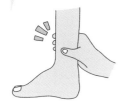

뜻풀이 어떠한 일에 꽉 잡혀 벗어나지 못하게 하다. 남의 약점을 잡다.

あることに縛られて離れられないようにする。他人の弱点を握る。

이직을 하고 싶은데 미련이 발목을 잡아서 고민중이다.

転職をしたいんだけど、未練が残って身動きがとれず悩んでいる。

092 ▶ 092

☆☆☆

발을 빼다

[直訳] 足を抜く
[意味] 手を引く、引退する

뜻풀이 어떤 일에서 관계를 완전히 끊고 더 이상 관여하지 않다.

ある仕事からの関係を完全に断ち切りそれ以上関与しない。

이제와서 발을 빼면 우리들은 어떻게 하라고?

今さら手を引いて、私達はどうしろというの？

□ 類 발을 씻다　足を洗う

093 ▶093 ☆☆☆

보는 눈이 없다

直訳 見る目がない
意味 見る目がない

뜻풀이 안목이 없다.
見る目がない。

내가 사람 보는 눈이 없어서 늘 뒷통수를 맞아.
私の見る目がなくて、いつも裏切られてしまう。

反 보는 눈이 있다　見る目がある

094 ▶094 ☆☆☆

비행기를 태우다

直訳 飛行機に乗せる
意味 おだてる、持ち上げる、お世辞を言う

뜻풀이 지나치게 칭찬하다.
大げさに褒める。

제가 아나운서처럼 말을 잘한다니요. 너무 비행기 태우지 마세요.
私がアナウンサーのように上手く話せるなんて、あまりおだてないでください。

095 ▶095

★★★

사람이 되다

直訳 人になる
意味 真人間になる、まっとうな人間になる

뜻풀이 사람으로서 갖추어야 할 도덕적, 인격적 자질을 갖춘 사람이 되다.

人として備えるべき道徳的、人格的資質を持ち合わせた人になる。

너도 나이를 먹을 만큼 먹었으니 더 이상 부모님 속 썩이지 말고 이제 사람 좀 돼라.

おまえももう歳だから、これ以上両親を苦しめず、自立したまともな人間になれよ。

096 ▶096

★★★

생각이 짧다

直訳 考えが短い
意味 分別がない、考えがいたらない、考えが甘い

뜻풀이 자본이나 생각, 실력 등이 어느 정도나 수준에 미치지 못한 상태이다.

資本や考え、実力などがある程度や水準に及ばない状態だ。

제 생각이 짧아서 거기까지 준비하지 못했습니다.

私の考えが至らなくて、そこまで準備できませんでした。

097 ▶ 097

선을 넘다

直訳 線を越える
意味 一線を越える、度が過ぎる。性的な関係を持つ

★★★

뜻풀이 일정한 기준이나 한계를 벗어나 지나다.
一定の基準や限界を超える。

지금 한 말은 선을 좀 넘은 거 같습니다. 친한 사이일수록 예의를 갖춰야만 합니다.
今言った言葉は度が過ぎると思います。親しい間柄であるほど、礼儀をわきまえるべきです。

098 ▶ 098

설 자리가 없다

直訳 立つ場所がない
意味 居場所がない、立場があいまいだ、出る幕がない

★★★

뜻풀이 끼어들 자리가 없다.
入り込む隙がない。

대형 마켓에 밀려 동네 슈퍼가 점점 설 자리가 없어지고 있다.
大型マーケットに押されて、近所のスーパーは、ますます居場所がなくなっている。

099 ⊙ 099 ☆☆☆

손발을 맞추다

直訳 手足を揃える
意味 息を合わせる、足並みをそろえる、歩調を合わせる

뜻풀이 함께 일을 하는 데 마음이나 의견, 행동 등을
서로 맞추다.
一緒に何かをするときに気持ちや意見、行動などを互いに
合わせる。

전혀 다른 환경에서 살아온 두 사람이 손발을 맞추기
란 쉬운 게 아니다.
全く違う環境で生きてきた二人が息を合わせるのは、容易
ではない。

▫ 類 손발이 맞다　足並みがそろう、息が合う、歩調が合う

100 ⊙ 100 ☆☆☆

손안에 넣다

直訳 手の中に入れる
意味 手に入れる、手にする

뜻풀이 완전히 자기 소유로 만들거나 자기 통제 아래
에 두다.
自分のものにして、管理下に置く。

아카데미 시상식에서 최고 권위인 작품상을 손안에 넣
었다.
アカデミー賞で最高の権威ある作品賞を手にした。

확인 문제 10 確認問題 10

✏️ 제시된 말과 어울리는 표현을 보기에서 골라 쓰세요.

보기	
a. 발목을 잡다	b. 발을 빼다
c. 보는 눈이 없다	d. 비행기를 태우다
e. 사람이 되다	f. 생각이 짧다
g. 선을 넘다	h. 설 자리가 없다
i. 손발을 맞추다	j. 손안에 넣다

1. 관계를 끊다. _____

2. 안목이 없다. _____

3. 입장이 애매하다. _____

4. 아첨하다. _____

5. 약점을 잡다. _____

6. 자질을 갖추다. _____

7. 생각이 수준에 떨어지다. _____

8. 자기 소유로 만들다. _____

9. 도가 지나치다. _____

10. 호흡을 맞추다. _____

101

▶ 101

☆☆☆

손에 넣다

直訳 手に入れる
意味 手に入れる

뜻풀이 지배하는 권한이나 영향력.

支配する権限や影響力。

2차세계대전 이후 소련은 동유럽을 손에 넣었다.

第 2 次世界大戦以降、ソ連は東ヨーロッパを手に入れた。

102

▶ 102

☆☆☆

손에 들어가다

直訳 手に入っていく
意味 手に入る、手に落ちる、手に渡る

뜻풀이 누군가의 소유가 되다.

誰かのものになる。

3대째 내려오는 레시피를 경쟁사 손에 들어가지 않도록 해야한다.

3 代にわたって伝わるレシピを、競合他社の手に渡らないようにしなければならない。

103 ▶103 ☆☆☆

손에 손을 잡다

直訳 手に手を取る
意味 手に手を取る、仲良く協力する

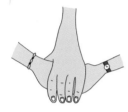

뜻풀이 사이좋게 협력하다. 서로 손을 잡다.

仲良く協力する、手に手を取る。

중소기업의 대표들이 손에 손을 잡고 사회공헌활동을 하기로 했다.

中小企業の代表達が仲良く協力して、社会貢献活動を行うことにした。

104 ▶104 ☆☆☆

손을 끊다

直訳 手を切る
意味 手を切る、縁を切る

뜻풀이 맺고 있던 관계를 더 이상 유지하지 않다.

維持していた関係をそれ以上続けない。

올해부터는 나쁜 친구들과 손을 끊고 공부에 매진하기로 했다.

今年からは悪い友達と縁を切って、勉強に集中することにした。

105

(▶) 105

☆☆☆

손을 대다

[直訳] 手を付ける

[意味] 触る、手を当てる。取りかかる、手を染める。関わりを持つ。手直しする。くすねる。暴力をふるう

뜻풀이 건들다. 행운을 바라고서 불가능하거나 위험한 일에 손을 대다.

触れる。幸運を願っても不可能だったり、危険なことに手をつけたりする。

이 아이스크림은 이따가 먹을 거니까 절대 손 대지마.

このアイスクリームは後で食べるから、絶対手を付けないでよ。

106

(▶) 106

☆☆☆

손을 들다

[直訳] 手をあげる

[意味] 降参して手を上げる、参る。賛成して手を挙げる

뜻풀이 자신의 능력으로 할 수 없어서 그만두다. 강하게 찬성하거나 매우 환영하다.

自分の能力ではできなくてやめる。強く賛成したり大いに歓迎する。

연장전까지 갔지만 힘이 달려서 손을 들 수밖에 없었다.

延長戦まで行ったけど、力が及ばず降参するしかなかった。

107 ⏵107 ☆☆☆

손을 떼다

直訳 手を離す
意味 手を引く

뜻풀이 하던 일을 그만두다.
やっていたことをやめる。

그는 요식업에서 손을 떼고 엔터테인먼트 회사를 설립했다.
彼は飲食業から手を引いて、エンターテイメント会社を設立した。

ロ 類 손을 멈추다　手をとめる

108 ⏵108 ☆☆☆

손을 보다

直訳 手を見る
意味 修正する。懲らしめる

뜻풀이 문제가 생겨서 고치다. 혼내 주다.
問題が起き、直す。酷い目に遭わせる。

A 컴퓨터가 또 고장이야.
パソコンがまた壊れた。

B 또? 얼마 전에도 고장나서 손 보지 않았어?
また？この前も壊れて直してなかったっけ？

109 ⏵109 ☆☆☆

손을 쓰다

直訳 手を使う
意味 手を回す、対策を講じる、措置を施す。気前よくふるまったり、おごったりする

뜻풀이 어떠한 일에 필요한 조치를 취하다.
あることに必要な処置をとる。

비밀이 새어 나가지 않게 미리 손을 써야겠어.
秘密が漏れないように、あらかじめ手を回しておかないと。

110 ⏵110 ☆☆☆

손을 잡다

直訳 手を握る
意味 手を取る、手を握る

뜻풀이 서로 도와서 함께 일을 하다.
助け合って仕事をする。

경쟁업체가 손을 잡고 신제품 개발에 동참했다.
ライバル同士が手を取り合って、新製品開発に乗り出した。

✎제시된 말과 어울리는 표현을 보기에서 골라 쓰세요.

보기	
a. 손에 넣다	b. 손에 들어가다
c. 손에 손을 잡다	d. 손을 끊다
e. 손을 대다	f. 손을 들다
g. 손을 떼다	h. 손을 보다
i. 손을 쓰다	j. 손을 잡다

1. 소유가 되다. _____

2. 관계를 끊내다. _____

3. 조치를 취하다. _____

4. 착수하다. _____

5. 지배하다. _____

6. 포기하다. _____

7. 혼을 내다. _____

8. 서로 협력하다. _____

9. 그만두다. _____

10. 협력하다. _____

111 ⏵111 ☆☆☆

손이 모자라다

直訳 手が足りない
意味 人手が足りない、忙しい

뜻풀이 일을 할 수 있는 사람이 부족하다.
人手が足りない。

주말에는 손님이 많아서 항상 손이 모자라요.
週末には客が多くて、いつも人手が足りません。

112 ⏵112 ☆☆☆

손이 빠르다

直訳 手が早い
意味 手早い、素早い、器用だ

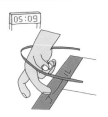

뜻풀이 무슨 일을 할 때 능숙하게 빠르게 잘하다.
手の動きが早い、仕事が早い。

수지는 손이 빨라서 두 세가지 요리를 뚝딱 만들어요.
スジは器用なので、2，3品の料理をすぐに作ります。

113 ⏵113 ☆☆☆

손이 크다

直訳 手が大きい
意味 けちけちしない、気前がいい。色々な手段を心得ている

뜻풀이 어떤 일을 하는 데에 돈이나 물건의 쓰임새가 넉넉하고 크다.

あることをする場合にお金や物にゆとりがある。

김밥을 이렇게 많이 만들었어? 손이 진짜 크네!

キンパをこんなにたくさん作ったの？気前がいいね！

114 ⏵114 ☆☆☆

심장이 강하다

直訳 心臓が強い
意味 度胸がある

뜻풀이 배짱이 있다. 담이 크다.

度胸がある、肝が据わっている。

김 형사는 심장이 강해서 어떤 현장에서도 동요하지 않는다.

キム刑事は度胸があるので、どんな現場でも動揺しない。

115 ⏵115 ☆☆☆

앞뒤가 다르다

直訳 前後ろが違う
意味 言動が一致しない、言動が一致しない、裏表がある

뜻풀이 말이나 행동이 서로 맞지 않다.
言葉と行動が噛み合わない。

앞뒤가 다른 사람을 신용하기는 어렵다.
言動が異なる人を信用することはできない。

116 ⏵116 ☆☆☆

앞만 보고 달리다

直訳 前だけ見て走る
意味 一生懸命生きる

뜻풀이 미래를 위해 열심히 살다.
将来のために一生懸命生きる。

너무 앞만 보고 달리지 말고 가끔은 자신을 돌아 볼 수
있는 여유를 가지세요.
ひたすら前だけを見て生きるのではなく、時には自分を顧
みる余裕を持ってください。

117 ▶117 ☆☆☆

양에 차다

[直訳] 量に満たす
[意味] 満足がいく、心にかなう、力に見合う。満腹だ

[뜻풀이] 배가 부르다. 더 바라는 것이 없이 만족하다.
満腹だ。もう願うことがなく満足している。

대식가인 상호에게는 라면 한 그릇은 양에 차지도 않는다.
大食いのサンホは、ラーメン一杯で満腹になることはない。

118 ▶118 ☆☆☆

어깨가 가볍다

[直訳] 肩が軽い
[意味] 気が楽だ

[뜻풀이] 무거운 책임에서 벗어나거나 그 책임이 줄어들어 마음이 편안하다.
重い責任から解放されて心が軽いことを意味する。

과제를 전부 제출해서 이제 어깨가 가볍다.
課題を全て提出したから、もう気が楽になった。

119 ⓟ119

어깨가 무겁다

☆☆☆

[直訳] 肩が重い
[意味] 肩の荷が重い、荷が重い、責任が重い

뜻풀이 힘겹고 중대한 일을 맡아 책임감을 느끼고 마음의 부담이 크다.

力に余る重大な仕事を担当することになり、責任を感じ心の負担が大きい。

갑자기 큰 프로젝트를 맡아서 민수는 어깨가 무거워졌다.

いきなり大きなプロジェクトを担当して、ミンスは重責を感じている。

120 ⓟ120

어깨를 나란히 하다

☆☆☆

[直訳] 肩を並べる
[意味] 並んで立ったり、並んで歩く。肩を並べる。同じ目的を持って活動する

뜻풀이 나란히 서거나 나란히 서서 걷다. 서로 비슷한 지위나 힘을 가지다. 같은 목적으로 함께 일하다.

並んで立つか並んで歩く。互いに同じくらい地位や力を持つ。同じ目的で一緒に仕事する。

동경해 왔던 스타들과 어깨를 나란히 하게 되어 가슴이 벅찹니다.

憧れていたスターたちと肩を並べて仕事かできて、胸がいっぱいです。

확인 문제 12 確認問題 12

🖊 제시된 말과 어울리는 표현을 보기에서 골라 쓰세요.

보기	
a. 손이 모자라다	b. 손이 빠르다
c. 손이 크다	d. 심장이 강하다
e. 앞뒤가 다르다	f. 앞만 보고 달리다
g. 양에 차다	h. 어깨가 가볍다
i. 어깨가 무겁다	j. 어깨를 나란히 하다

1. 일할 사람이 부족하다. _____

2. 언행이 불일치하다. _____

3. 후하다. _____

4. 부담이 크다. _____

5. 대담하다. _____

6. 열심히 살다. _____

7. 능숙하다. _____

8. 만족하다. _____

9. 비슷하다. _____

10. 마음이 편안하다. _____

121

▶ 121 ☆☆☆

얼굴을 못 들다

直訳 顔をあげられない

意味 面目が立たない

뜻풀이 면목이 없거나 창피해서 얼굴을 들 수 없다.

面目がなく恥ずかしくて顔をあげられない。

이번에 일어난 불상사로 창피해서 얼굴을 못 들고 다니겠어요.

今回起こった不祥事で恥ずかしくて顔を上げられないんです。

▫ 反 얼굴을 들다 顔を上げる、面目が立つ

122

▶ 122 ☆☆☆

열(이) 받다

直訳 熱を受ける

意味 むかつく

뜻풀이 화가 나다, 속상하다, 짜증나다, 기분이 나쁘다.

むかつく、しゃくに障る、いらつく、怒る。

계속 외모 이야기만 하는 그 사람을 생각하면 생각할수록 정말 열 받네.

ずっと外見の話ばかりするその人のことを、思えば思うほど本当にむかついてくる。

· 73 ·

123 ⏵ 123 ☆☆☆

열쇠를 쥐다

直訳 カギを握る

意味 問題解決などの鍵を握る、手がかりを握る

뜻풀이 문제해결의 핵심이나 방법을 가지고 있다.

問題解決の核心や方法を持っている。

유산 상속의 열쇠를 쥐고 있는 장남의 행방을 찾아야 합니다.

遺産相続のカギを握っている長男の行方を探さないといけません。

124 ⏵ 124 ☆☆☆

오점을 찍다

直訳 汚点を付ける

意味 汚点を残す、名を汚す

뜻풀이 불명예스러운 흠집을 만들다.

不名誉な傷をつける。

한순간의 실수로 선수 생활에 큰 오점을 찍게 되었다.

一瞬のミスで選手生活に大きな汚点を残すことになった。

125 ⊙ 125 ☆☆☆

이름만 대면 알다

直訳 名前さえ言えばわかる
意味 有名だ、名が通る

뜻풀이 누구나가 알고 있을 만큼 유명하다.
誰もが知っているほど有名だ。

수지의 아버지는 이름만 대면 아는 유명한 축구선수
이다.
スジのお父さんはとても有名なサッカー選手だ。

126 ⊙ 126 ☆☆☆

입 밖에 내다

直訳 口の外に出す
意味 言う、口に出す、他言する、口外する

뜻풀이 어떤 생각이나 사실을 말로 드러내다.
ある考えや事実を言葉で表す。

회장님은 중병에 걸렸다는 사실을 주위 사람들로 하여
금 입 밖에 내지 못하게 했다.
会長は重病にかかったという事実を、周囲の者が口外でき
ないようにした。

127

▶ 127

☆☆☆

입에도 못 대다

直訳 口にも付けられない

意味 口も付けられない

뜻풀이 음식을 못 먹거나 못 마시다.

食べ物を食べたり、飲んだりすることができない。

지금이야 한국 음식에 익숙해졌지만 처음엔 아예 입에도 못 댔어요.

今こそ韓国料理に慣れていますが、最初はまったく口にも付けられなかったです。

□ 反 입에 대다 口を付ける

128

▶ 128

☆☆☆

입을 막다

直訳 口をふさぐ

意味 ばらさないようにする、口をふさぐ

뜻풀이 듣기 싫은 말이나 자기에게 불리한 말을 하지 못하게 하다.

聞きたくないことや自分に不利なことは言わせない。

돈으로 입을 막으려는 수법은 이제 더 이상 통하지 않아.

お金で口をふさぐという手口はもうこれ以上通用しない。

129

▶ 129 ☆☆☆

입을 맞추다

直訳 口を合わせる
意味 キスをする。口裏を合わせる

뜻풀이 키스를 하다. 여러 사람이 똑같이 말하기로 약속하다.

キスをする。複数の人が同じ事を言うと約束する。

사전에 입을 맞춰 놓지 않으면 큰 일이 납니다.

事前に口裏を合わせておかないと、大変なことになります。

130

▶ 130 ☆☆☆

입을 모으다

直訳 口を集める
意味 口をそろえる

뜻풀이 여러 사람이 어떤 일에 대해 똑같이 말하다.

複数の人があることについて同じように言う。

인사를 잘하는 수지는 사람들이 입을 모아 칭찬을 한다.

あいさつがよくできるスジのことを人々は口をそろえて褒める。

✍ 제시된 말과 어울리는 표현을 보기에서 골라 쓰세요.

보기	
a. 얼굴을 못 들다	b. 열(이) 받다
c. 열쇠를 쥐다	d. 오점을 찍다
e. 이름만 대면 알다	f. 입 밖에 내다
g. 입에도 못 대다	h. 입을 막다
i. 입을 맞추다	j. 입을 모으다

1. 화가 나다. _____

2. 불명예스럽다. _____

3. 창피하다. _____

4. 유명하다. _____

5. 전혀 못 먹다. _____

6. 말을 못하게 하다. _____

7. 문제 해결 방법이 있다. _____

8. 키스하다. _____

9. 똑같이 말하다. _____

10. 말하다. _____

131

⏵131 ☆☆☆

입을 열다

> 直訳 口を開く
> 意味 口を開く、話し始める。口を割る

뜻풀이 말문을 열다, 말을 꺼내다, 자백하다.
口を開く、口を切る、自白する。

오랫동안 침묵했던 그 사람이 입을 열자 모두가 놀랐다.
長い間沈黙していたその人が口を開くと、皆が驚いた。

132

⏵132 ☆☆☆

입이 딱 벌어지다

> 直訳 口をぱかっと開く
> 意味 唖然とする、ビックリする、驚く

뜻풀이 매우 놀라거나 좋아서 입이 크게 벌어지다.
とても驚いたり、とても嬉しかったりして口が大きく開く。

아내는 입이 딱 벌어지게 음식상을 차려 왔다.
妻はびっくりするほどのご馳走を準備してくれた。

133

▶ 133

☆☆☆

입이 무겁다

直訳 口が重い

意味 口が重い、口が堅い

뜻풀이 말이 많지 않고 비밀을 잘 지키다.

口数が少なく秘密をよく守る。

상호는 입이 무거우니까 그 일을 맡겨도 될 거예요.

サンホは口が堅いから、その仕事を任せてもいいと思います。

 反 입이 가볍다 口が軽い

134

▶ 134

☆☆☆

입이 싸다

直訳 口が軽い

意味 口が軽い

뜻풀이 말이 많고 비밀을 잘 지키지 않다.

おしゃべりで秘密を守らない。

그 사람은 입이 싸서 그런지 주위에 친구가 하나도 없다.

その人は口が軽いからか、周りに友達が一人もいない。

135 ⏵135

☆☆☆

쥐도 새도 모르게

直訳 ネズミも鳥も知らずに

意味 誰も知らないうちに

뜻풀이 아무도 알 수 없게 감쪽같이.

誰にも知られないように跡形もなく。

이 영화는 수감자가 쥐도 새도 모르게 탈옥하는 내용이다.

この映画は受刑者が誰にも気づかれないで脱獄する内容だ。

136 ⏵136

☆☆☆

진땀을 빼다

直訳 脂汗を流す

意味 ひどく苦労する、脂汗をかく

뜻풀이 어려운 일이나 난처한 일을 당해서 몹시 애를 쓰다.

困難なことや困ったことに直面し、気をもむ。

발표 중에 갑자기 전문적인 질문이 나와서 진땀을 뺐다.

プレゼンでいきなり専門的な質問をされて、脂汗をかいた。

137 ▶137 ☆☆☆

코가 높다

直訳 鼻が高い
意味 鼻高々だ

뜻풀이 잘난 체하며 거만하다.
偉そうにして鼻が高い。

그녀는 코가 높아서 네가 상대하기에 결코 쉽지 않겠네.
彼女は鼻高々で、君が相手にするには決して容易ではないだろうね。

▫ 類 눈이 높다 目が高い、目が肥える

138 ▶138 ☆☆☆

콧대가 높다

直訳 鼻筋が高い
意味 鼻にかける、傲慢だ、横柄だ、プライドが高い

뜻풀이 잘난 체하고 뽐내다.
偉そうな顔をして威張る。

콧대가 높은 선배도 남자친구 앞에서는 조용히 있던데요.
横柄な先輩も彼氏の前では物静かにしてましたよ。

☆☆☆

큰소리를 치다

[直訳] 大きな声を出す
[意味] 大口をたたく、広言を吐く、見栄を張る、たんかを切る、大風呂敷を広げる

뜻풀이 잘난 체하며 자신 있게 말하거나 사실보다 크게 부풀려 말하다.

偉そうに自信ありげに話したり、事実を誇張して話したりする。

더 좋은 회사에 갈 거라며 큰소리를 쳤는데 결국은 이직에 실패했다.

より良い会社に行くと大口をたたいたのに、結局転職に失敗した。

☆☆☆

펜을 놓다

[直訳] ペンを置く
[意味] 文章を書くのをやめる

뜻풀이 편지나 시 따위의 글 쓰는 일을 그만두다.

手紙や詩などの文字を書く仕事を辞める。

그럼 독자 여러분이 남은 휴가를 잘 보내시기를 바라며 이만 펜을 놓겠습니다.

それでは読者の皆さんが残りの休暇を楽しく過ごせますよう願いながら、この辺で失礼します。

확인 문제 14 確認問題 14

✎제시된 말과 어울리는 표현을 보기에서 골라 쓰세요.

보기	
a. 입을 열다	b. 입이 딱 벌어지다
c. 입이 무겁다	d. 입이 싸다
e. 쥐도 새도 모르게	f. 진땀을 빼다
g. 코가 높다	h. 콧대가 높다
i. 큰소리를 치다	j. 펜을 놓다

1. 자백하다. _____

2. 비밀을 잘 지키다. _____

3. 거만하다. _____

4. 부풀려 말하다. _____

5. 말이 많다. _____

6. 매우 놀라다. _____

7. 감쪽같다. _____

8. 잘난척하다. _____

9. 난처하다. _____

10. 그만두다. _____

141 ⊙ 141 ☆☆☆

피부로 느끼다

直訳 皮膚で感じる
意味 肌で感じる、実際に経験する

뜻풀이 직접적으로 느끼다.

実際に感じる。

환경 오염의 심각성을 피부로 느끼고 있습니다.

環境汚染の深刻さを肌で感じています。

142 ⊙ 142 ☆☆☆

하늘이 돕다

直訳 空が助ける
意味 神に救われる

뜻풀이 하늘의 도움으로 위험한 처지나 어려운
상황에서 벗어나다.

天の助けで危険な状況や困難な状況から解放される。

새벽까지 비가 왔는데 하늘이 도왔는지 운동회 시작
직전에 맑게 갰다.

明け方まで雨だったのに、神に救われたのか運動会開始
直前に晴れてきた。

143 ▶ 143 ☆☆☆

한 치 앞을 못 보다

[直訳] 一寸先を見ることができない
[意味] 一寸先が見えない、一寸先もわからない

뜻풀이 가까이 있는 것을 보지 못하다. 지식이나 경험이 부족해서 사리를 분별하지 못하거나 앞으로 일어날 일을 예상하지 못하다.

近くにあるものを見ることができない。知識や経験が足りず、これからのことを予測できない。

한 치 앞을 못 보는 인생이라지만 홍수로 인해 하루아침에 집을 잃어서 막막하다.

一寸先もわからないというが、洪水により一夜にして家を失い、茫然としている。

144 ▶ 144 ☆☆☆

한배를 타다

[直訳] 一つの船に乗る
[意味] 同じ船に乗る、運命を共にする

뜻풀이 운명을 같이하다.

運命を共にする。

우리 소속사로 옮기셨으니 이제부터 한배를 탄 거네요.

私たちの所属事務所に移籍されたので、これから運命を共にするということになりますね。

145 ▶145

☆☆☆

한턱(을) 내다

[直訳] ご馳走を出す
[意味] 食事をおごる

뜻풀이 크게 한 차례 음식 따위를 대접하다.

ご馳走する、食事をおごる。

A 축하합니다. 이제 부장님이 되신 거네요.

おめでとうございます。これからは部長さんですね。

B 고마워. 오늘은 내가 한턱 낼게.

ありがとう。今日は私がおごるよ。

ㅁ 類 한턱 쓰다, 한턱 쏘다 (直) もてなしを使う、もてなしを射る、撃つ

146 ▶146

☆☆☆

허리띠를 졸라매다

[直訳] ベルトを締める
[意味] 因苦欠乏に耐える、つましく暮らす、質素な生活をする、倹約する。堅い覚悟で仕事に臨む

뜻풀이 검소한 생활을 하다. 마음먹은 일을 이루려고 새로운 결의와 단단한 각오로 일에 임하다. 배고픔을 참다.

質素な生活をする。決心したことを達成するために新たな決意と堅い覚悟で臨む。空腹に耐える。

내 집을 마련하고자 10년간 허리띠를 졸라매며 일했다.

マイホームを買うために10年間倹約しながら仕事をした。

147 ▶ 147

☆☆☆

활개를 치다

直訳 両腕を振る
意味 意気揚揚と振る舞う、のさばる、わがもの顔にふるまう、
大手を振る、鳥が羽ばたく

뜻풀이 의기양양하게 행동하다. 또는 함부로 거만하게
행동하다. 부정적인 것이 크게 유행하다.

意気揚々と行動する、または傲慢にふるまう。否定的なこ
とが大流行する。

그 도시는 과거에 조직폭력단들이 활개를 치던 곳
이다.

その都市は過去に暴力団組織が横行していたところだ。

148 ▶ 148

☆☆☆

흑백을 가리다

直訳 白黒を選ぶ
意味 白黒をつける

뜻풀이 옳고 그름을 가리다.

是非を決める。

오늘의 주제는 흑백을 가리는 논의는 아니니까 자유롭
게 이야기해 봅시다.

今日のテーマは、白黒をつける議論ではないので、自由に
話してみましょう。

★★★   ☆☆☆

149 ⊙149 ☆☆☆

힘을 들이다

直訳 力を入れる
意味 精力を傾ける、力を入れる、努力する、苦心する

뜻풀이 어떤 일을 이루려고 거기에 노력을 들이다.
あることを達成しようと努力する。

힘을 들이지 않고 살을 빼는 방법은 없어.
努力せずに痩せる方法はない。

150 ⊙150 ☆☆☆

힘을 주다

直訳 力を与える
意味 力を入れる、強調する、励ます

뜻풀이 어떤 일이나 말을 강조하다.
ある事や言葉を強調する、力を入れる。

디자인 쪽에 조금만 힘을 주면 이 브랜드는 더 유명해
질 것이다.
デザインの方にもう少し力を入れれば、このブランドは
より有名になるだろう。

확인 문제 15 確認問題 15

제시된 말과 어울리는 표현을 보기에서 골라 쓰세요.

보기	
a. 피부로 느끼다	b. 하늘이 돕다
c. 한 치 앞을 못 보다	d. 한배를 타다
e. 한턱(을) 내다	f. 허리띠를 졸라매다
g. 활개를 치다	h. 흑백을 가리다
i. 힘을 들이다	j. 힘을 주다

1. 절약하다. _____

2. 어려운 상황에서 벗어나다. _____

3. 사리 분별 못하다. _____

4. 체감하다. _____

5. 운명을 같이하다. _____

6. 크게 유행하다. _____

7. 대접하다. _____

8. 노력하다. _____

9. 격려하다. _____

10. 잘잘못을 따지다. _____

解答

確認問題 1

| 1 | d | 2 | a | 3 | c | 4 | e | 5 | i |
| 6 | b | 7 | g | 8 | j | 9 | f | 10 | h |

確認問題 2

| 1 | e | 2 | g | 3 | a | 4 | h | 5 | c |
| 6 | j | 7 | d | 8 | f | 9 | b | 10 | i |

確認問題 3

| 1 | c | 2 | a | 3 | d | 4 | b | 5 | e |
| 6 | f | 7 | h | 8 | g | 9 | i | 10 | j |

確認問題 4

| 1 | d | 2 | b | 3 | c | 4 | f | 5 | i |
| 6 | e | 7 | g | 8 | j | 9 | a | 10 | h |

確認問題 5

| 1 | f | 2 | c | 3 | a | 4 | d | 5 | b |
| 6 | g | 7 | e | 8 | h | 9 | j | 10 | i |

確認問題 6

| 1 | g | 2 | a | 3 | c | 4 | d | 5 | b |
| 6 | e | 7 | h | 8 | j | 9 | i | 10 | f |

確認問題 7

| 1 | f | 2 | b | 3 | c | 4 | g | 5 | a |
| 6 | d | 7 | i | 8 | j | 9 | e | 10 | h |

確認問題 8

1　c	2　d	3　a	4　b	5　e
6　f	7　i	8　j	9　g	10 h

確認問題 9

1　a	2　d	3　c	4　e	5　h
6　f	7　b	8　j	9　g	10 i

確認問題 10

1　b	2　c	3　h	4　d	5　a
6　e	7　f	8　j	9　g	10 i

確認問題 11

1　b	2　d	3　i	4　e	5　a
6　f	7　h	8　c	9　g	10 j

確認問題 12

1　a	2　e	3　c	4　i	5　d
6　f	7　b	8　g	9　j	10 h

確認問題 13

1　b	2　d	3　a	4　e	5　g
6　h	7　c	8　i	9　j	10 f

確認問題 14

1　a	2　c	3　g	4　i	5　d
6　b	7　e	8　h	9　f	10 j

確認問題 15

1　f	2　b	3　c	4　a	5　d
6　g	7　e	8　i	9　j	10 h

著者略歴

林 炫情（いむ ひょんじょん）

韓国生まれ。広島大学大学院国際協力研究科博士課程後期修了。博士
(Ph. D.)。
専門は社会言語学、外国語教育。現在、山口県立大学国際文化学部教
授。

丁 仁京（ちょん いんぎょん）

韓国生まれ。麗澤大学大学院言語教育研究科博士後期課程修了。博士
（文学）。
専門は日韓対照言語学、韓国語教育。現在、佐賀女子短期大学地域み
らい学科教授。

イラストで覚える韓国語　慣用表現

初版発行 2023年4月7日

著　　者　林炫情・丁仁京

編　　集　金善敬

イラスト　河村 綾香

発 行 人　中嶋 啓太

発 行 所　博英社

　　　〒 370-0006 群馬県 高崎市 問屋町 4-5-9 SKYMAX-WEST
　　　TEL 027-381-8453/FAX 027-381-8457
　　　E・MAIL hakueisha@hakueishabook.com
　　　HOMEPAGE www.hakueishabook.com

ISBN　　978-4-910132-28-0

*乱丁・落丁本は、送料小社負担にてお取替えいたします。
*本書の全部または一部を無断で複写複製(コピー)することは、著作権法上での例外を除き、禁じられています。

定　価　　1,980 円 (本体 1,800 円)